AF607488

Pilimar Aguilar
XCAR Malavida

La ARDILLA poeta y su PANDILLA secreta

PREGUNTA

Primera edición: marzo de 2025
Segunda edición: abril de 2026

Diseño y maquetación: XCAR Malavida

ISBN: 978-84-19766-65-6
Depósito legal: Z-168-2025

Impreso en Estilo Estugraf Impresores

Para el niño que siempre veo en ti.

Pilimar Aguilar

¡Viva la Pepa!

XCAR Malavida

ESCONDIDA EN MI MALETA
VA MI PANDILLA SECRETA.

SON MIS MEJORES AMIGOS,
LOS LLEVO SIEMPRE CONMIGO.

¿TÚ LOS QUIERES ENCONTRAR?
PUES LOS TENDRÁS QUE BUSCAR.

EN UN MONEDERO ROSA
VIAJAN LAS MARIPOSAS.

EN LA FUNDA DE LAS GAFAS
HE GUARDADO MI JIRAFA.

CAMUFLADA EN UNA LATA
TENGO A LA RATA PIRATA.

DEBAJO DE MI PIJAMA
DUERME TRANQUILA LA RANA.

LA MONA SE ESTÁ RIENDO
Y SABE QUE LA ESTOY VIENDO.

LAS HORMIGAS VAN EN FILA
EN UNA BUFANDA LILA.

EN UN BOLSILLO PRECIOSO
HE PUESTO FELIZ AL OSO.

METIDITO EN UN ZAPATO
CREO QUE HE DEJADO
AL GATO.

ENCIMA DEL PANTALÓN
ESTÁ TUMBADO EL LEÓN.

UN PERRITO DE PELUCHE
VA EN LA BOLSA DE LAS CHUCHES.

ENTRE DOS SOMBREROS VIEJOS
PUEDE QUE ESTÉN LOS CONEJOS.

Y DENTRO DE
UN CALCETÍN
ENCONTRARÁS
AL DELFÍN.

CUANDO ESTOY CON MI PANDILLA
LO PASO DE MARAVILLA.

SI NOS QUIERES CONOCER,
TE ANIMAMOS A LEER.

MARIPOSAS

MARIPOSA ROSA,
BONITA Y GRACIOSA.

MARIPOSA NEGRA,
AL VERME SE ALEGRA.

MARIPOSA ROJA,
BAILANDO EN LA HOJA.

MARIPOSA VERDE,
SE ESCONDE Y SE PIERDE.

MARIPOSA INQUIETA,
DE COLOR VIOLETA.

MARIPOSA AZUL,
LA QUE SUEÑAS TÚ.

MARIPOSA BLANCA:
¡TUS ALAS ME ENCANTAN!

MARIPOSA BELLA:
¡TRÁEME UNA ESTRELLA!

LA JIRAFA

MI JIRAFA ES PEQUEÑAJA,
CABE DENTRO DE UNA CAJA.
POR EL DÍA VA AL COLEGIO,
CON AMIGOS Y TRABAJA.
POR LA NOCHE LEE CUENTOS
Y A VECES SE PONE GAFAS.

CON SUS PATITAS PEQUEÑAS
CORRE, SALTA, SUBE Y BAJA.
Y SI COGE UNA ESCALERA,
A TODAS PARTES ALCANZA.
MI JIRAFA ES PEQUEÑAJA
Y TIENE MANCHAS NARANJAS.

LA RATA

POR DETRÁS DE LA NEVERA,
ESCONDIDA EN UNA LATA
PARA QUE NADIE LA VEA,
VIVE LA RATA PIRATA.

DESAPARECIÓ UN TOMATE,
UN TROZO GRANDE DE TARTA,
DOS ONZAS DE CHOCOLATE
Y CUATRO FRESAS CON NATA.

SI ALGUNA VEZ QUIERES ALGO,
TÚ SABES QUE LO MEJOR
ES PONER UNA SONRISA
Y PEDIRLO POR FAVOR.

LA RANA

TENGO CERCA DE MI ALMOHADA
UNA RANA CON PIJAMA
Y CUANDO LLEGA LA NOCHE,
DUERME DENTRO DE MI CAMA.

LA ABRAZO, LE DOY UN BESO,
LEEMOS LIBROS PRECIOSOS
Y MIRANDO LOS DIBUJOS,
SE VAN CERRANDO LOS OJOS.

LA LUNA CON LAS ESTRELLAS
NOS DICEN: HASTA MAÑANA.
Y LATE MUY DESPACITO
EL CORAZÓN DE MI RANA.

NANA-RANA, NANA-RANA,
DUERME BIEN Y HASTA MAÑANA.

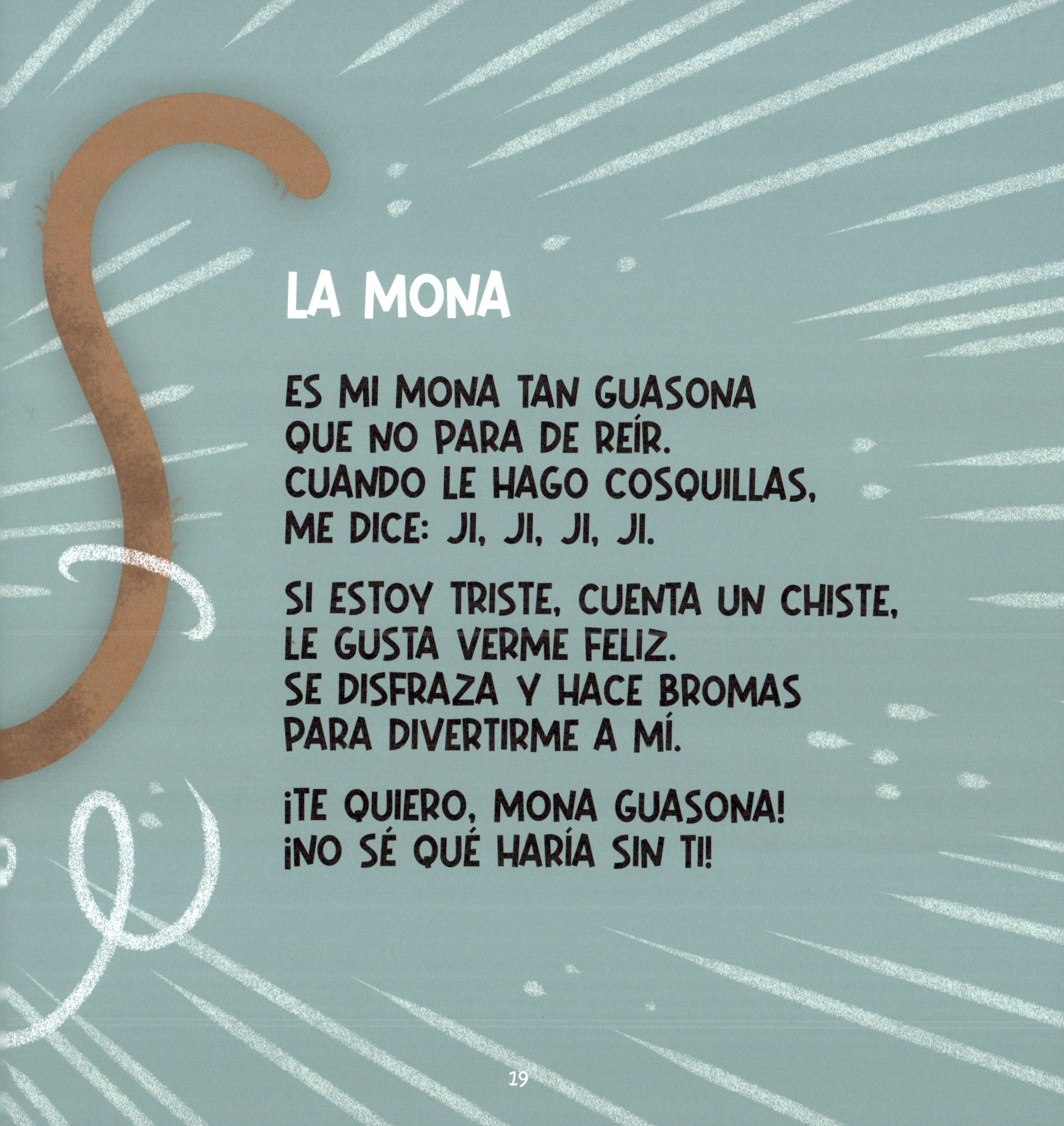

LA MONA

ES MI MONA TAN GUASONA
QUE NO PARA DE REÍR.
CUANDO LE HAGO COSQUILLAS,
ME DICE: JI, JI, JI, JI.

SI ESTOY TRISTE, CUENTA UN CHISTE,
LE GUSTA VERME FELIZ.
SE DISFRAZA Y HACE BROMAS
PARA DIVERTIRME A MÍ.

¡TE QUIERO, MONA GUASONA!
¡NO SÉ QUÉ HARÍA SIN TI!

RAP DE LAS HORMIGAS

LAS HORMIGAS SON AMIGAS,
NO LES GUSTA DISCUTIR.
CASI SIEMPRE VAN EN FILA
POR EL PARQUE Y EL JARDÍN.

JUNTAS LLEVAN SU COMIDA
DESPACITO AL HORMIGUERO,
DE LA MANO SE PASEAN
EN VERANO Y EN INVIERNO.

SI LO QUIERES PASAR BIEN
CON AMIGOS, CON AMIGAS,
CANTAREMOS TODOS JUNTOS
ESTE RAP DE LAS HORMIGAS.

EL OSO

ME SONRÍE CON
SU BOCA,
ME MIRAN SUS
NEGROS OJOS.
ES MI AMIGO Y
ME CONSUELA
CON SUS BRAZOS
AMOROSOS.

ESPONJOSO,
CARIÑOSO,
SUAVE, BLANDITO,
PRECIOSO,
ME ACOMPAÑA
A TODAS PARTES.
¡MI OSO ES
MARAVILLOSO!

EL GATO

VEO UN GATO EN UN ZAPATO,
NO TIENE CASA NI DUEÑO
Y MAÚLLA TODO EL RATO
PORQUE NUNCA TIENE SUEÑO.

QUIERO LLEVARLO CONMIGO
PARA QUE NO LLORE TANTO.
LE VOY A HACER UNA CAMA
CON DOS TOALLAS Y UN TRAPO.

TODOS DICEN QUE ES MUY FEO
Y YO LO VEO TAN GUAPO.

EL LEÓN

RUGE MI LEÓN GRUÑÓN
SI LE QUITAS SU SILLÓN.

GRITA, SE ASUSTA Y SE ENFADA,
PERO NO LE PASA NADA.

SI LE DEJO MIS JUGUETES,
SE CALMA EN UN PERIQUETE.

CON CARIÑO Y ALEGRÍA
YO LE ANIMO A QUE SONRÍA.

Y LUEGO, EL LEÓN GRUÑÓN
ES DIVERTIDO Y MOLÓN.

EL PERRO

MI PERRO MARTÍN
ES BLANCO Y MARRÓN,
BLANDITO, LANUDO,
GUAPO Y JUGUETÓN.

COME SU COMIDA,
DUERME EN MI EDREDÓN,
SIEMPRE ME LO LLEVO
SI VOY DE EXCURSIÓN.

UN DÍA, DE PRONTO,
LE PILLÓ UN CAMIÓN,
TUVIERON QUE HACERLE
UNA OPERACIÓN.

EL VETERINARIO
LE SACÓ UN BOTÓN,
QUE LLEVABA DENTRO
DE SU CORAZÓN.

MI PERRO MARTÍN
ES BLANCO Y MARRÓN.
LO MIRO Y ME MIRA,
LO QUIERO UN MONTÓN.

PEPA PER

LOS CONEJOS

MUY LEJOS, MUY LEJOS,
DOS CONEJOS VIEJOS
PASABAN LAS HORAS
EN SUS MECEDORAS,
CONTÁNDOLES CUENTOS
A SUS DOCE NIETOS.

EN SU MADRIGUERA
NO ENTRABA CUALQUIERA.
NADIE LOS HA VISTO,
ERAN SÚPER LISTOS.
SI LOS QUIERES VER,
TENDRÁS QUE LEER.

PePA
COLA
CAJA
RURAL

HOY, MI DELFÍN SALTARÍN
SE HA PERDIDO EN EL JARDÍN.
LO HE BUSCADO Y NO LO ENCUENTRO.
¿LO HABÉIS VISTO POR AHÍ?

NO TE PREOCUPES, CARIÑO,
HACE UN RATO QUE LO VI,
NADANDO POR LA PISCINA
Y JUGANDO AL FUTBOLÍN.

¡SERÁ PILLÍN, MI DELFÍN!
PUES HEMOS LLEGADO AL FIN.

PILIMAR AGUILAR

ES PILIMAR AGUILAR
MAESTRA DE PROFESIÓN
QUE TRANSMITE CON SUS VERSOS
ALEGRÍA Y EMOCIÓN.

EN EL AÑO 2020
NACIÓ LA ARDILLA POETA
PARA ANIMARTE A CUIDAR
EL FUTURO DEL PLANETA.

Y EN EL 2023,
CON SU LIBRO DE RECETAS ,
TE HA ENSEÑADO A COCINAR
JUNTO A LA ARDILLA POETA.

PILIMAR HACE TALLERES
POR TODA LA GEOGRAFÍA
PARA QUE TODOS PODAMOS
DISFRUTAR LA POESÍA.

pilimaraguilar@yahoo.es

XCAR MALAVIDA

Es, desde niño, un monigotero contumaz y empedernido. Entre otras cosas ha hecho multitud de tebeos, libros ilustrados, dibujos animados, videojuegos, cd's interactivos, cabeceras para programas de televisión, spots publicitarios, carteles, camisetas, logotipos, portadas de discos…

Algunas de sus publicaciones son *Pepa Pera, la caca viajera*, *Monstruos, neveras y peluquines*, *La maceta que vino del espacio*, *Agentes del futuro*, *Belceblues*, la exitosa trilogía de tebeos de cocina *Estoy hecho un cocinicas*, *Martina y Marcial, pareja espacial*, *Jaleo Cósmico*, *Paco Miko* el cientisimio, *Supermala*, *Ramiro de Aragón: hijo, hermano y padre de Reyes*, *Rey de reyes. Alfonso I, el rey batallador*, *Ramiro II, el monje que desafió al Papa. El rey de la campana*, *Pedro I: el comienzo de la expansión*, *Los Zagazudos. Cosicas de aquí*, *Aventuras y desventuras de Los 3 Norteamericanos* o *Más alla del espejo*.

Ha dibujado para programas de Aragón Televisión como *La batalla de las tapas* y ha presentado su propia sección en la televisión aragonesa (*La patrulla X-CAR*). También realiza talleres de cómic, divulgación, murales, y dibuja cualquier cosa que le pidan (si es con educación, mejor).

www.xcarmalavida.com

Índice

LAS AVENTURAS DE LA ARDILLA POETA CONTINÚAN EN...

Otros títulos de la colección

La península de Cilemaga
Helena Santolaya

La Dama, el Duende y el Rey. Tres leyendas aragonesas
Roberto Malo, José María Tamparillas, Daniel Tejero y David Guirao

Moflete, el elegante
Agustín Porras y Arturo García Blanco

La ardilla poeta y el futuro del planeta
Pilimar Aguilar y Xcar Malavida

Moflete ya sabe contar
Agustín Porras y Arturo García Blanco

Agentes del futuro
María Frisa y XCAR Malavida

Minicó dice no
Nerea Mur

El príncipe que cruzó allende los mares
Roberto Malo, Francisco Javier Mateos y David Guirao

De tu abrazo a las estrellas
Victoria Alcalde y Ruth Alarcón

Mocoloco y Flemalarga
Nines Barcelona y Nerea Mur

San Jorge y el dragón
Daniel Nesquens y David Guirao

Antes de las nueve
Pablo Ferrer, Paula Figols, Marina Santos, Christian Peribáñez y Zaira Andrés

Erny, el monstruo de la Laguna Negra
María Álvarez e Irene Campos

Lex, el Tiranosaurio Rex
Roberto Malo, Daniel Tejero y Blanca Bk

La ardilla poeta y su libro de recetas
Pilimar Aguilar y XCAR Malavida

Un viernes soleado
Pepe Serrano y Raquel Samitier

Mika, el niño fantasma
Daniel Tejero y Bernal

La ardilla poeta y su pandilla secreta
Pilimar Aguilar y XCAR Malavida